AF221719

Impressum

Verlag: BABADADA GmbH, Nedderfeld 112 , 22529 Hamburg

Geschäftsführer / Verlagsleitung: Harald Hof

Druck: Books on Demand GmbH, In de Tarpen 42, 22848 Norderstedt

Imprint

Publisher: BABADADA GmbH, Nedderfeld 112 , 22529 Hamburg, Germany

Managing Director / Publishing direction: Harald Hof

Print: Books on Demand GmbH, In de Tarpen 42, 22848 Norderstedt, Germany

skola
школа

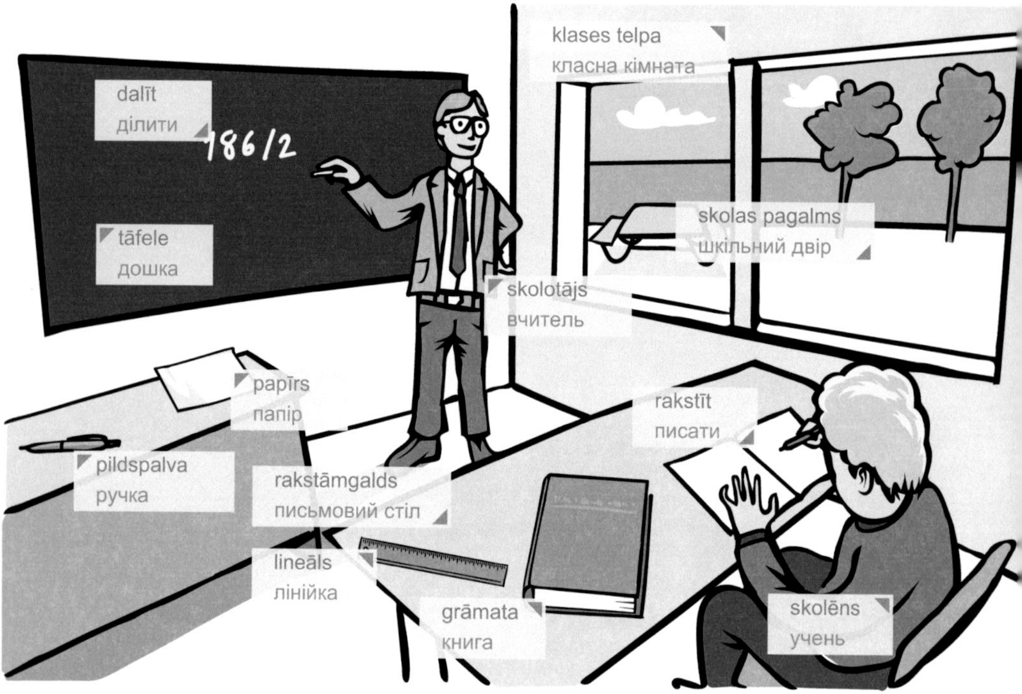

klases telpa
класна кімната
dalīt
ділити
186/2
tāfele
дошка
skolas pagalms
шкільний двір
skolotājs
вчитель
papīrs
папір
rakstīt
писати
pildspalva
ручка
rakstāmgalds
письмовий стіл
lineāls
лінійка
grāmata
книга
skolēns
учень

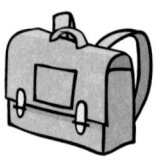

skolas soma

ранець

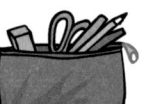

penālis

пенал

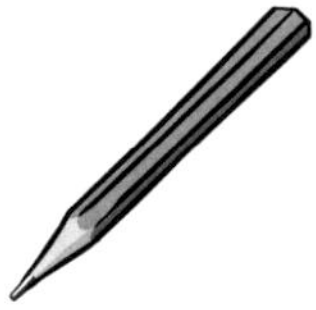

zīmulis

олівець

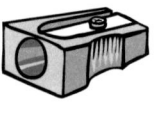

zīmuļu asināmais

точило

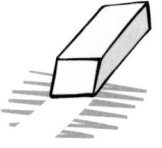

dzēšgumija

гумка

zīmēšanas bloks

альбом для малювання

zīmējums

малюнок

ota

пензель

krāsas

коробка фарб

šķēres

ножиці

līme

клей

darba burtnīca

зошит

mājas darbs

домашнє завдання

skaitlis

число

saskaitīt

додавати

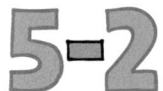

atņemt

віднімати

reizināt

множити

rēķināt

рахувати

burts

літера

alfabēts

абетка

vārds

слово

teksts

текст

lasīt

читати

krīts

крейда

mācību stunda

година

žurnāls

класний журнал

eksāmens

екзамен

liecība

диплом

skolas forma

шкільна форма

izglītība

освіта

enciklopēdija

лексикон

universitāte

університет

mikroskops

мікроскоп

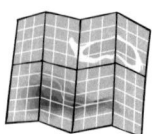

karte

карта

papīrgrozs

кошик для паперу

ceļojums
подорож

viesnīca
готель
Grand
hostelis
турбаза
ROOMS
valūtas maiņas punkts
обмінний пункт
čemodāns
валіза
automašīna
автомобіль

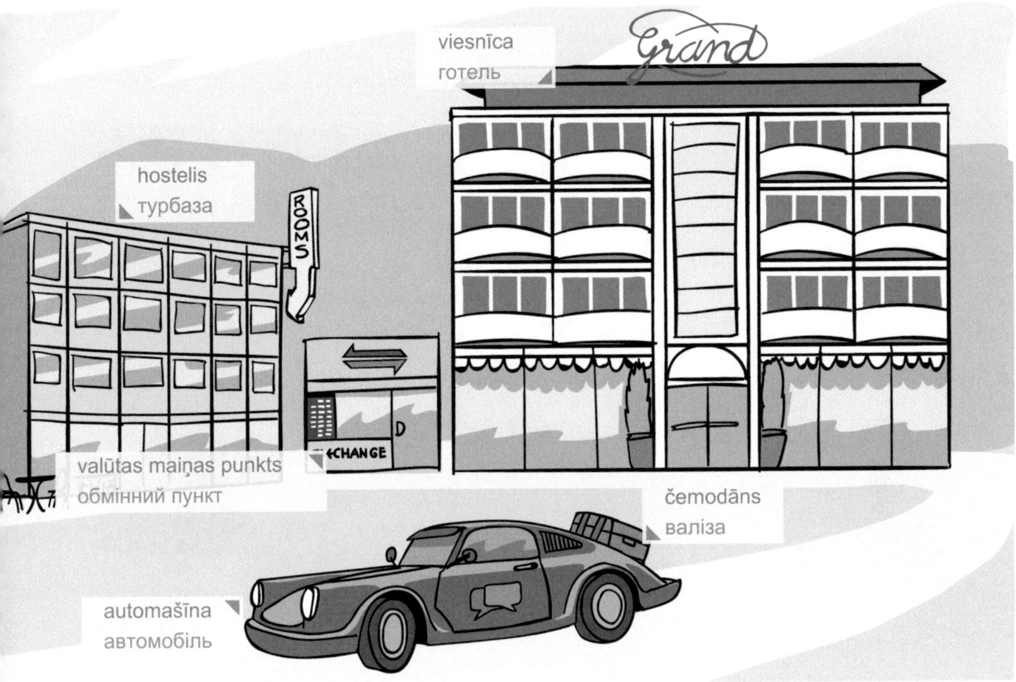

Valoda

мова

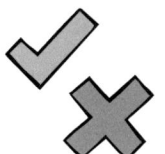

jā / nē

так / ні

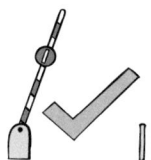

Okay

добре

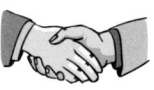

Sveiki!

привіт

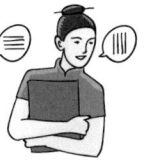

tulks

перекладач

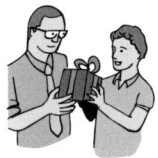

paldies

дякую

Cik maksā…?

Скільки коштує …?

Es nesaprotu

Я не розумію

problēma

проблема

Labvakar!

Добрий вечір!

Labrīt!

Доброго ранку!

Ar labu nakti!

На добраніч!

Uz redzēšanos

До побачення

virziens

напрямок

bagāža

багаж

soma

сумка

mugursoma

рюкзак

viesis

гість

istaba

кімната

guļammaiss

спальний мішок

telts

намет

tūrisma informācija

туристична інформація

pludmale

пляж

kredītkarte

кредитна картка

brokastis

сніданок

pusdienas

обід

vakariņas

вечеря

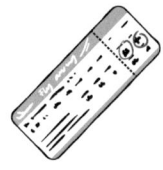

biļete

квиток

lifts

ліфт

pastmarka

поштова марка

robeža

межа

muita

митниця

vēstniecība

посольство

vīza

віза

pase

паспорт

transports

транспорт

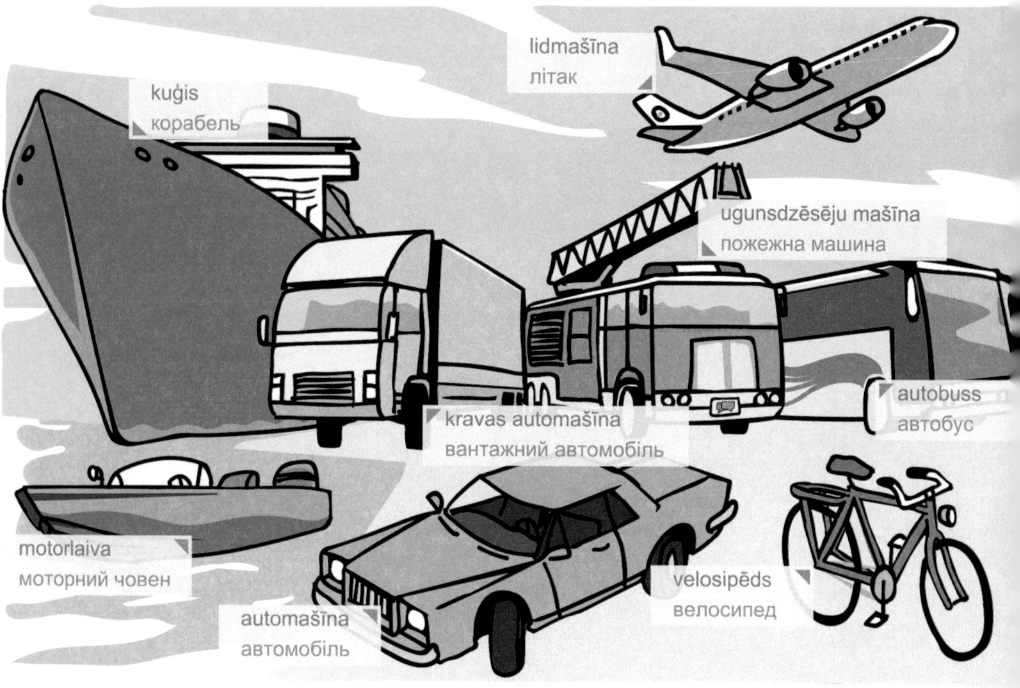
lidmašīna
літак
kuģis
корабель
ugunsdzēsēju mašīna
пожежна машина
kravas automašīna
вантажний автомобіль
autobuss
автобус
motorlaiva
моторний човен
velosipēds
велосипед
automašīna
автомобіль

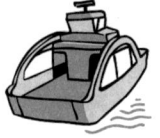

prāmis

пором

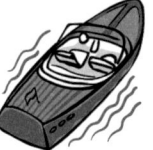

laiva

човен

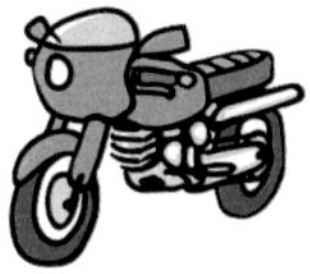

motocikls

мотоцикл

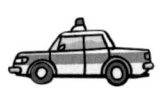

policijas automašīna

поліцейська машина

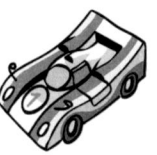

sacīkšu automobilis

гоночний автомобіль

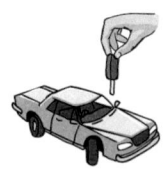

nomas auto

автомобіль на прокат

auto koplietošana

спільне користування авто

evakuators

евакуатор

atkritumu mašīna

сміттєвоз

dzinējs

двигун

benzīns

паливо

degvielas uzpildes stacija

автозаправна станція

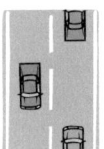

ceļa zīme

дорожній знак

satiksme

рух

sastrēgums

затор

stāvvieta

стоянка

dzelzceļa stacija

вокзал

sliedes

рейки

vilciens

потяг

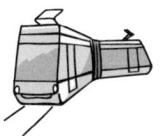

tramvajs

трамвай

vagons

вагон

helikopters

гелікоптер

lidosta

аеропорт

tornis

вежа

pasažieris

пасажир

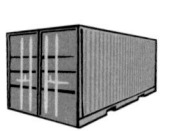

konteiners

контейнер

kaste

коробка

ratiņi

візок

grozs

кошик

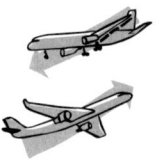

pacelties / nosēsties

стартувати / приземлятися

pilsēta

місто

ciems

село

pilsētas centrs

центр міста

māja

дім

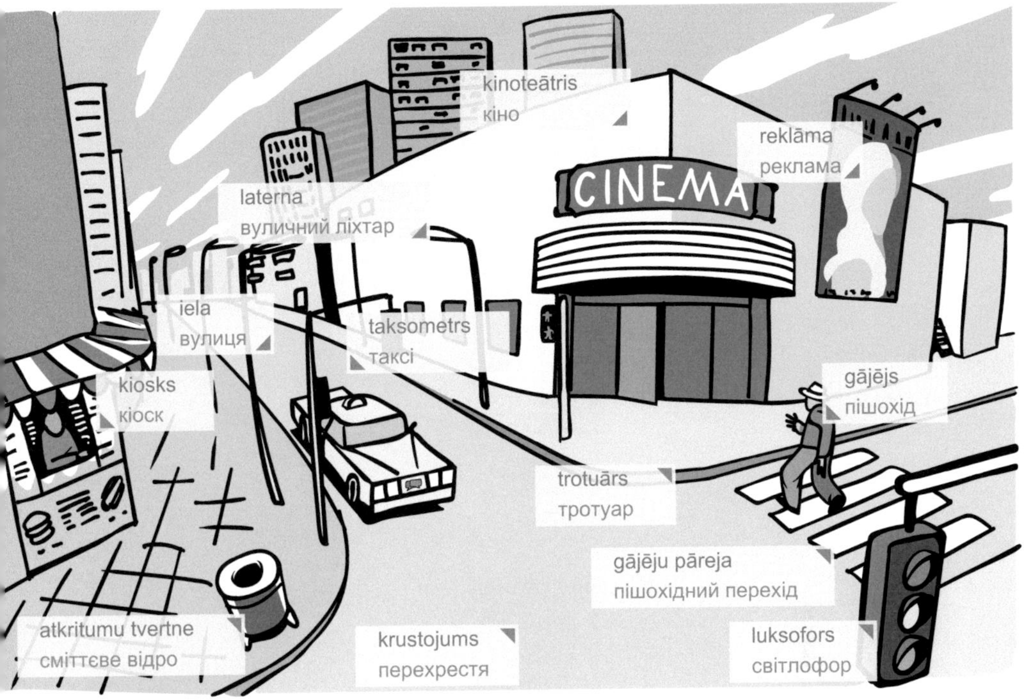

kinoteātris
кіно

reklāma
реклама

laterna
вуличний ліхтар

iela
вулиця

taksometrs
таксі

gājējs
пішохід

kiosks
кіоск

CINEMA

trotuārs
тротуар

gājēju pāreja
пішохідний перехід

atkritumu tvertne
сміттєве відро

krustojums
перехрестя

luksofors
світлофор

būda

хатина

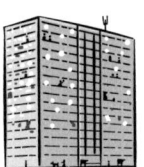

dzīvoklis

квартира

dzelzceļa stacija

вокзал

rātsnams

ратуша

muzejs

музей

skola

школа

universitāte

університет

banka

банк

slimnīca

лікарня

viesnīca

готель

aptieka

аптека

birojs

офіс

grāmatnīca

книжковий магазин

veikals

магазин

ziedu veikals

квітковий магазин

lielveikals

супермаркет

tirgus

ринок

tirdzniecības centrs

універмаг

zivju tirgotājs

торговець рибою

tirdzniecības centrs

торговельний центр

osta

гавань

parks

парк

sols

лава

tilts

міст

kāpnes

сходи

metro

метро

tunelis

тунель

autobusa pieturvieta

автобусна зупинка

bārs

бар

restorāns

ресторан

pastkastīte

поштова скринька

ielas nosaukuma plāksne

вулична табличка

stāvlaika skaitītājs

лічильник паркування

zooloģiskais dārzs

зоопарк

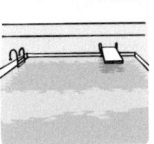

peldbaseins

басейн

mošeja

мечеть

zemnieku saimniecība

ферма

vides piesārņojums

забруднення
навколишнього
середовища

kapsēta

кладовище

baznīca

церква

spēļu laukums

дитячий майданчик

templis

храм

ainava
ландшафт

lapa
листок

ceļrādis
вказівний стовп

ceļš
шлях

pļava
луг

akmens
камінь

koks
дерево

ceļotājs
мандрівник

upe
річка

zāle
трава

puķe
квітка

ieleja

долина

kalns

гора

ezers

озеро

mežs

ліс

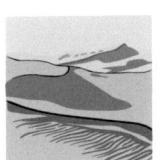

tuksnesis

пустеля

vulkāns

вулкан

pils

замок

varavīksne

веселка

sēne

гриб

palma

пальма

moskīts

комар

muša

муха

skudra

мурашка

bite

бджола

zirneklis

павук

ainava - ландшафт

vabole

жук

varde

жаба

vāvere

вивірка

ezis

їжак

zaķis

заєць

pūce

сова

putns

птах

gulbis

лебідь

meža cūka

кабан

briedis

олень

alnis

лось

aizsprosts

гребля

vēja ģenerators

вітряк

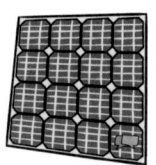

saules baterija

сонячний модуль

klimats

клімат

restorāns

ресторан

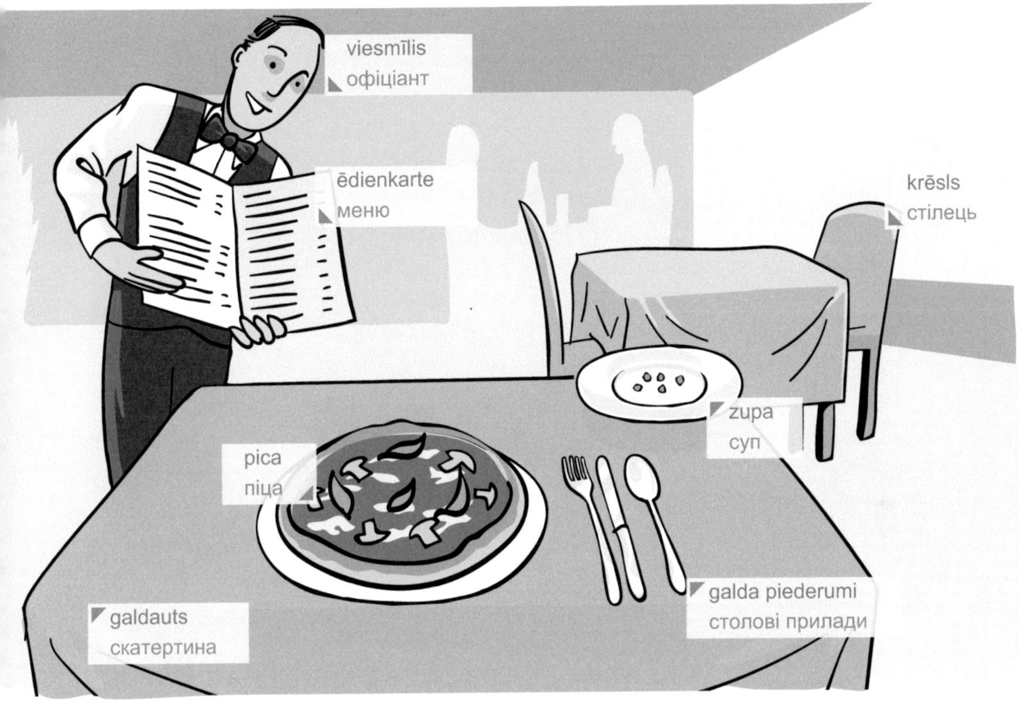
viesmīlis
офіціант
ēdienkarte
меню
krēsls
стілець
zupa
суп
pica
піца
galdauts
скатертина
galda piederumi
столові прилади

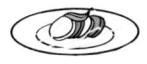

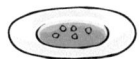

uzkoda

закуска

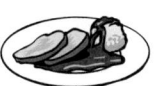

pamatēdiens

друга страва

deserts

десерт

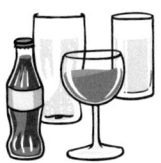

dzērieni

напої

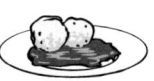

ēdiens

їжа

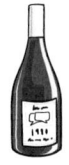

pudele

пляшка

ātrās uzkodas

фаст-фуд

ielu uzkodas

вулична їжа

tējkanna

чайник

cukurtrauks

цукорниця

porcija

порція

espresso kafijas automāts

еспресо-машина

bāra krēsls

високий стільчик

rēķins

рахунок

paplāte

піднос

nazis

ніж

dakša

вилка

karote

ложка

tējkarote

чайна ложка

salvete

серветка

glāze

склянка

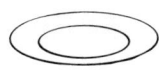

škīvis

тарілка

zupas šķīvis

тарілка для супу

apakštase

блюдце

mērce

соус

sāls trauciņš

солонка

piparu dzirnaviņas

млин для перцю

etiķis

оцет

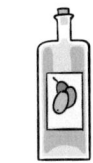

eļļa

масло

garšvielas

специї

kečups

кетчуп

sinepes

гірчиця

majonēze

майонез

lielveikals

супермаркет

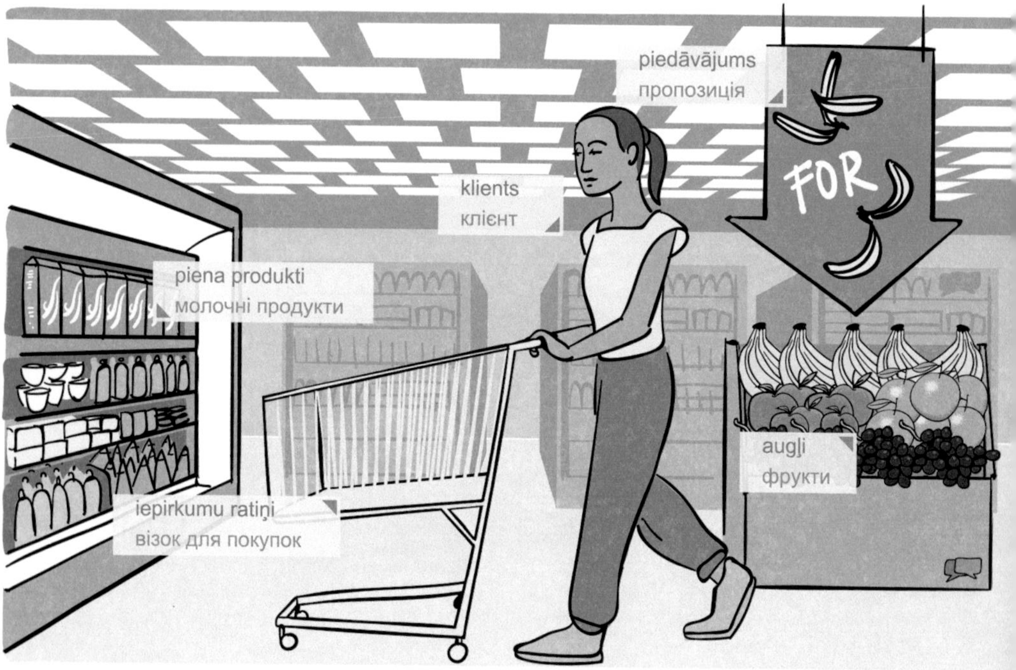

piedāvājums
пропозиція
FOR
klients
клієнт
piena produkti
молочні продукти
augļi
фрукти
iepirkumu ratiņi
візок для покупок

BUTCHERS

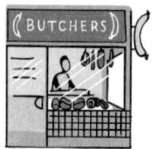

kautuve

м'ясний магазин

BAKERY

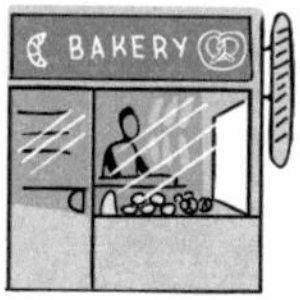

maizes veikals

пекарня

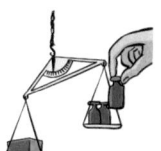

svērt

зважувати

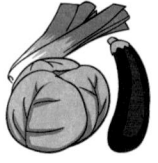

dārzeņi

овочі

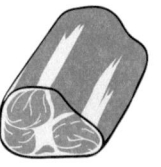

gaļa

м'ясо

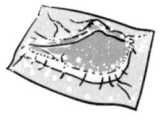

saldēti produkti

заморожені продукти

aukstās gaļas uzkodas

ковбасна нарізка

konservi

консерви

pulveris

пральний порошок

saldumi

солодощі

mājsaimniecības preces

предмети домашнього побуту

tīrīšanas līdzeklis

мийний засіб

pārdevēja

продавщиця

kase

каса

kasieris

касир

iepirkumu saraksts

список покупок

darba laiks

часи роботи

maks

гаманець

kredītkarte

кредитна картка

soma

сумка

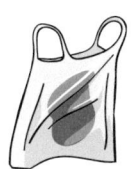

maisiņš

поліетиленовий пакет

ūdens

вода

sula

сік

piens

молоко

kola

кола

vīns

вино

alus

пиво

alkohols

алкоголь

kakao

какао

tēja

чай

kafija

кава

espresso

еспресо

kapučīno

капучіно

banāns

банан

ābols

яблуко

apelsīns

апельсин

melone

кавун

citrons

лимон

burkāns

морква

ķiploks

часник

bambuss

бамбук

sīpols

цибуля

sēne

гриб

rieksti

горішки

makaroni

локшина

spageti

спагеті

rīsi

рис

salāti

салат

frī kartupeļi

картопля фрі

cepti kartupeļi

смажена картопля

pica

піца

hamburgers

гамбургер

sviestmaize

бутерброд

šnicele

шніцель

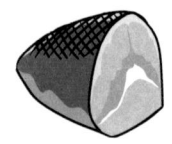

šķiņķis

шинка

salami

салямі

desa

ковбаса

vista

курка

cepetis

печеня

zivs

риба

auzu pārslas

вівсяні пластівці

muslis

мюслі

brokastu pārslas

кукурудзяні пластівці

milti

борошно

radziņš

круасан

brokastu maizītes

булочка

maize

хліб

tostermaize

тостовий хліб

cepumi

печиво

sviests

масло

biezpiens

сир

kūka

пиріг

ola

яйце

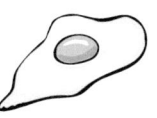

cepta ola

яєчня

siers

сир

saldējums

морозиво

cukurs

цукор

medus

мед

marmelāde

мармелад

riekstu krēms

нуга-крем

karijs

карі

zemnieku saimniecība
ферма

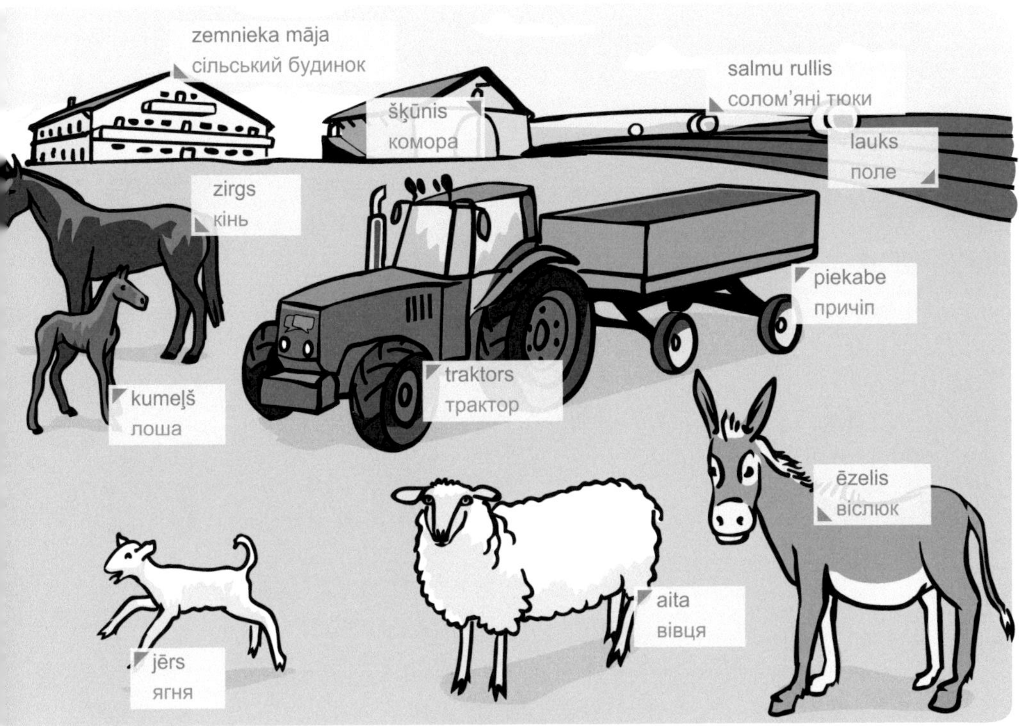

zemnieka māja
сільський будинок
salmu rullis
солом'яні тюки
šķūnis
комора
lauks
поле
zirgs
кінь
piekabe
причіп
traktors
трактор
kumeļš
лоша
ēzelis
віслюк
aita
вівця
jērs
ягня

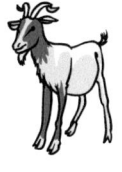

kaza

коза

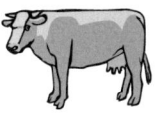

govs

корова

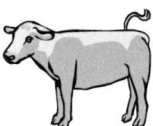

teļš

теля

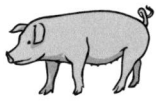

cūka

свиня

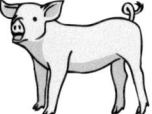

sivēns

порося

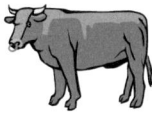

bullis

бик

zoss

гусак

pīle

качка

cālis

курча

vista

курка

gailis

півень

žurka

щур

kaķis

кіт

pele

миша

vērsis

віл

suns

собака

suņa būda

собача будка

dārza šļūtene

садовий шланг

lejkanna

лійка

izkapts

коса

arkls

плуг

sirpis

серп

kaplis

мотика

mēslu dakša

вила

cirvis

сокира

ķerra

тачка

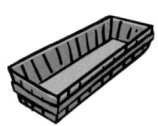

sile

корито

piena kanna

бідон молока

maiss

мішок

žogs

паркан

kūts

хлів

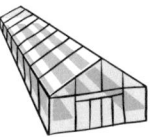

siltumnīca

теплиця

augsne

ґрунт

sēklas

насіння

mēslojums

добриво

kombains

комбайн

novākt ražu

пожинати

raža

урожай

jamss

корінь ямсу

kvieši

пшениця

soja

соя

kartupelis

картопля

kukurūza

кукурудза

rapsis

ріпак

augļu koks

плодове дерево

manioka

маніок

labība

злаки

māja

дім

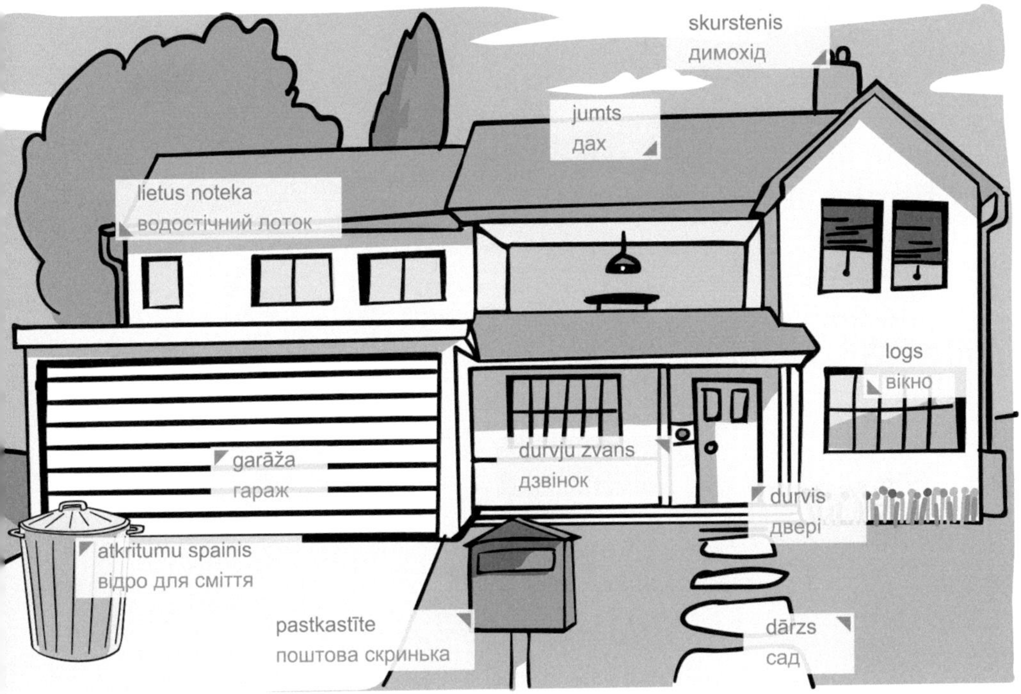
skurstenis
димохід
jumts
дах
lietus noteka
водостічний лоток
logs
вікно
garāža
гараж
durvju zvans
дзвінок
durvis
двері
atkritumu spainis
відро для сміття
pastkastīte
поштова скринька
dārzs
сад

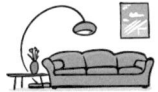

viesistaba

вітальня

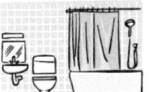

vannas istaba

ванна кімната

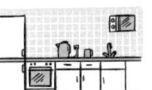

virtuve

кухня

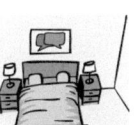

guļamistaba

спальня

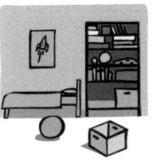

bērnu istaba

дитяча кімната

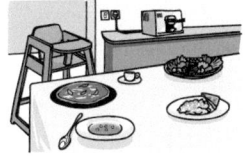

ēdamistaba

їдальня

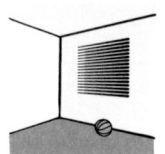

grīda

пiдлога

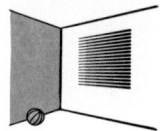

siena

стiна

griesti

стеля

pagrabs

пiдвал

sauna

сауна

balkons

балкон

terase

тераса

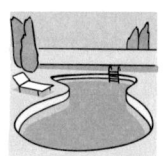

baseins

басейн

zāles pļāvējs

косарка

gultas veļa

простирало

sega

ковдра

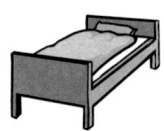

gulta

лiжко

slota

мiтла

spainis

вiдро

slēdzis

перемикач

viesistaba

вітальня

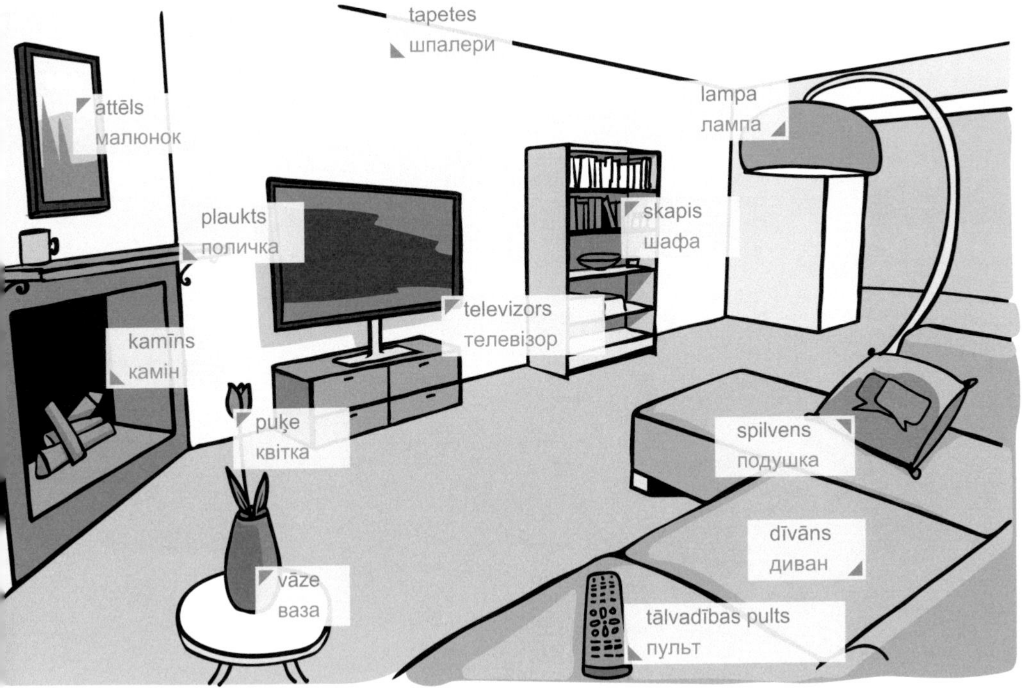
tapetes
шпалери
attēls
малюнок
lampa
лампа
plaukts
поличка
skapis
шафа
televizors
телевізор
kamīns
камін
puķe
квітка
spilvens
подушка
dīvāns
диван
vāze
ваза
tālvadības pults
пульт

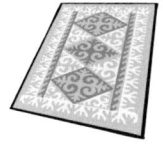

paklājs

килим

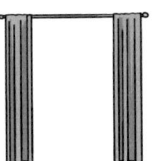

aizkars

завіса

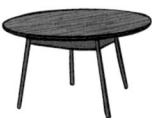

galds

стіл

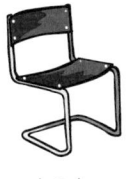

krēsls

стілець

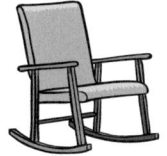

šūpuļkrēsls

крісло-гойдалка

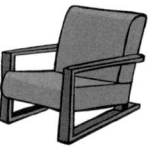

atpūtas krēsls

крісло

grāmata

книга

sega

ковдра

dekorācija

прикраса

malka

дрова

filma

фільм

mūzikas centrs

стереосистема

atslēga

ключ

avīze

газета

glezna

картина

plakāts

плакат

radio

радіо

pierakstu blociņš

блокнот

putekļu sūcējs

пилосос

kaktuss

кактус

svece

свічка

virtuve
кухня

ledusskapis
холодильник
mikroviļņu krāsns
мікрохвильова піч
virtuves svari
кухонні ваги
tosteris
тостер
tīrīšanas līdzekļi
мийний засіб
cepeškrāsns
піч
saldēšanas kamera
морозильне відділення
atkritumu spainis
відро для сміття
trauku mazgājamā mašīna
посудомийна машина

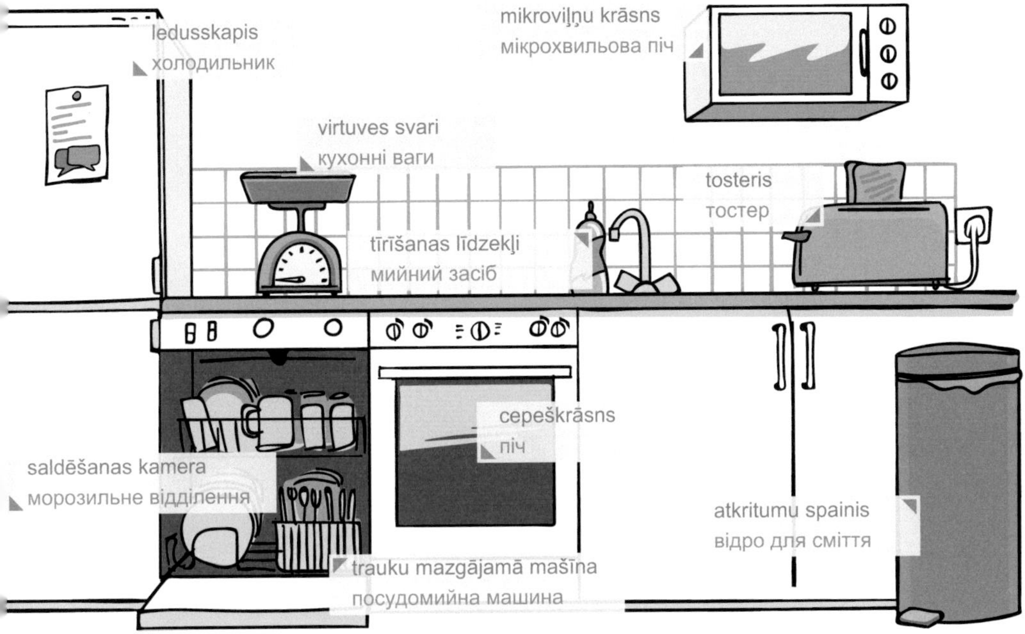

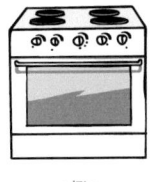

plīts

плита

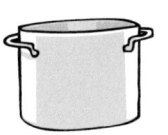

pods

горщик

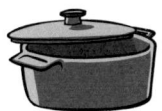

katls

чавунний горщик

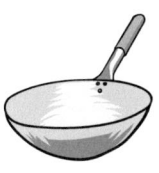

Wok panna

вок / кадай

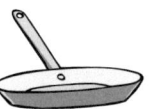

panna

сковорода

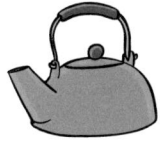

elektriskā tējkanna

чайник

tvaika katls

пароварка

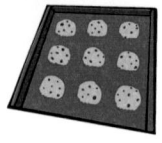

cepešpanna

лист

trauki

посуд

krūze

кухоль

bļoda

чаша

irbulīši

палички для їжі

kauss

черпак

lāpstiņa

лопатка

putošanas slotiņa

вінчик для збивання

sietiņš

сито

siets

сито

rīve

терка

piesta

ступка

grilēt

барбекю

atklāts pavards

багаття

dēlis

дошка

mīklas rullis

качалка

korķu viļķis

штопор

bundža

конзерва

konservu nazis

відкривачка

virtuves cimdi

прихватки

izlietne

раковина

birste

щітка

sūklis

губка

mikseris

міксер

saldētava

морозильна камера

bērna pudelīte

дитяча пляшка

ūdenskrāns

кран

vannas istaba
ванна кімната

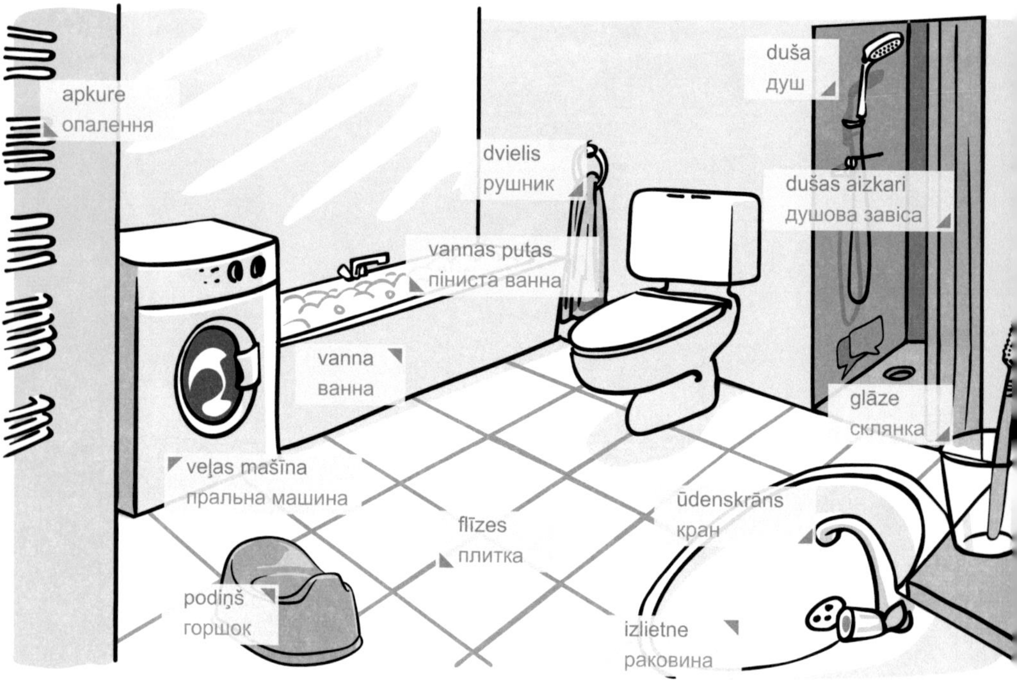

apkure
опалення

duša
душ

dvielis
рушник

dušas aizkari
душова завіса

vannas putas
піниста ванна

vanna
ванна

glāze
склянка

veļas mašīna
пральна машина

ūdenskrāns
кран

flīzes
плитка

podiņš
горшок

izlietne
раковина

tualetes pods

туалет

Āzijas tipa tualete

підлоговий туалет

bidē

біде

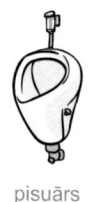

pisuārs

пісуар

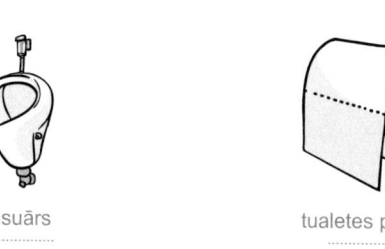

tualetes papīs

туалетний папір

tualetes birste

щітка для туалету

zobu birste

зубна щітка

zobu pasta

зубна паста

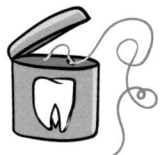

zobu diegs

нитка для чищення зубів

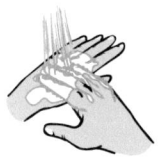

mazgāt

мити

rokas duša

ручний душ

duša

інтимний душ

bļoda

таз

muguras mazgāšanas birste

щітка для спини

ziepes

мило

dušas želeja

гель для душу

šampūns

шампунь

mazgāšanas drāna

мочалка

noteka

водостік

krēms

крем

dezodorants

дезодорант

spogulis

дзеркало

spogulītis

косметичне дзеркало

skuveklis

бритва

skūšanās putas

піна для гоління

losjons pēc skūšanās

лосьйон після гоління

ķemme

гребінь

matu suka

щітка

matu fēns

фен

matu laka

лак для волосся

grima komplekts

косметика

lūpu krāsa

губна помада

nagulaka

лак для нігтів

vate

вата

šķērītes

ножиці для нігтів

smaržas

парфум

kosmētikas maks

косметичка

ķeblītis

табурет

svari

ваги

halāts

халат

tīrīšanas cimdi

гумові рукавички

tampons

тампон

pakete

гігієнічні прокладки

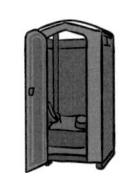

ķīmiskā tualete

біотуалет

bērnu istaba
дитяча кімната

modinātājs
будильник
mīkstā rotaļlieta
м'яка іграшка
spēļu automašīna
іграшковий автомобіль
grabulis
брязкальце
leļļu māja
ляльковий будиночок
dāvana
подарунок

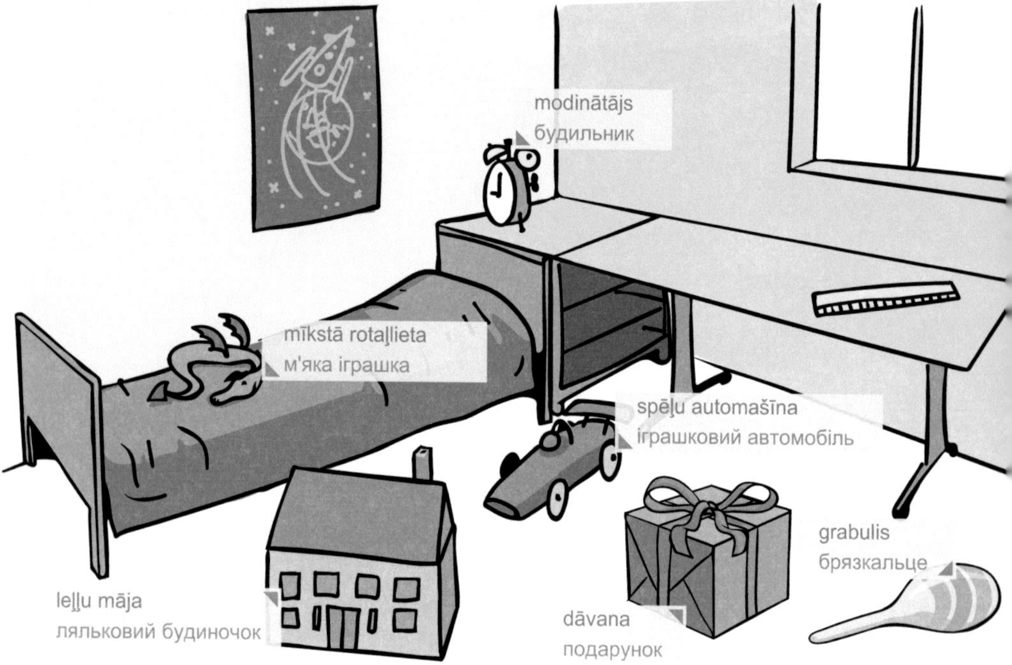

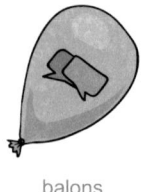

balons
повітряна кулька

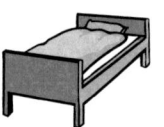

gulta
ліжко

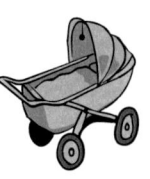

bērnu ratiņi
дитячий візок

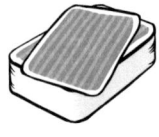

kārtis
картярська гра

puzle
пазл

SUPER MEGA

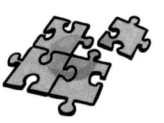

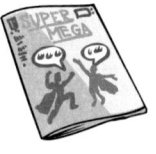

komikss
комікс

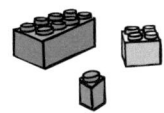

LEGO klucīši

лего цеглинки

klucīši

блоки

varoņu figūra

іграшкова фігурка

rāpulītis

повзунки

lidojošais šķīvītis

фризбі

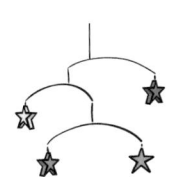

muzikālais karuselis

мобіле

galda spēle

настільна гра

metamais kauliņš

кубик

rotaļu dzelzceļš

модель залізнична станція

māneklis

соска

ballīte

вечірка

bilžu grāmata

книжка з картинками

bumba

м'яч

lelle

лялька

spēlēt

грати

smilšu kaste

пісочниця

šūpoles

гойдалка

rotaļlietas

іграшка

spēļu konsole

гральна консоль

trīsritenis

триколісний велосипед

plīša lācītis

плюшевий мішка

drēbju skapis

шафа

apģērbs

одяг

īszeķes

шкарпетки

zeķes

панчохи

zeķbikses

колготки

šalle
шарф

lietussargs
парасоля

T-krekls
футболка

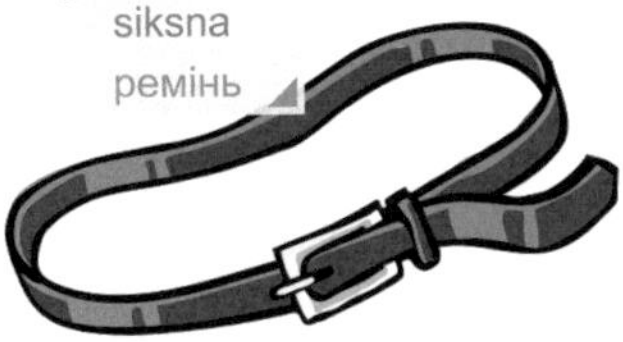

siksna
ремінь

zābaks
чоботи

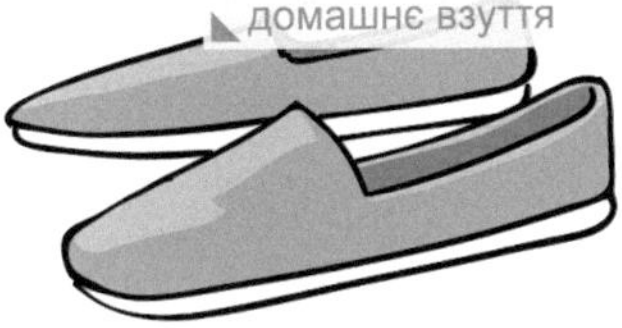

čības
домашнє взуття

botas
кросівки

sandales
сандалі

kurpes
взуття

gumijas zābaki
гумові чоботи

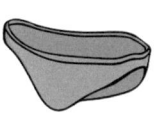

apakšbikses
труси

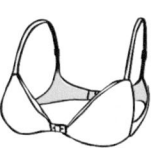

krūšturis
бюстгальтер

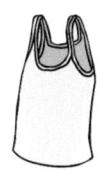

apakškrekls
нижня сорочка

bodijs

боді

bikses

штани

džinsi

джинси

svārki

спідниця

blūze

блузка

krekls

сорочка

pulovers

пуловер

džemperis

светр

žakete

піджак

jaka

куртка

mētelis

пальто

lietus mētelis

дощовик

kostīms

костюм

kleita

сукня

kāzu kleita

весільна сукня

apģērbs - одяг

uzvalks

костюм

naktskrekls

нічна сорочка

pidžama

піжама

sari

сарі

lakats

головна хустка

turbāns

чалма

burka

бурка

kaftāns

кафтан

abaja

абая

peldkostīms

купальник

peldbikses

плавки

šorti

шорти

treniņtērps

тренувальний костюм

priekšauts

фартух

cimdi

рукавички

poga

гудзик

brilles

окуляри

rokassprādze

браслет

kaklarota

ланцюг

gredzens

кільце

auskars

сережка

cepure

шапка

drēbju pakaramais

плічка

platmale

капелюх

kaklasaite

краватка

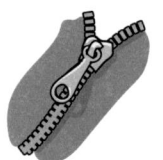

rāvējslēdzējs

застібка-блискавка

ķivere

шолом

bikšturi

підтяжки

skolas forma

шкільна форма

uniforma

уніформа

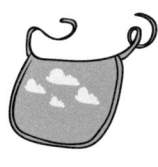

priekšautiņš

нагрудник

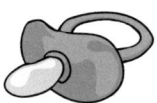

māneklis

соска

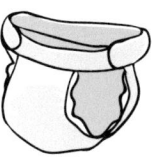

autiņbiksītes

підгузок

birojs

офіс

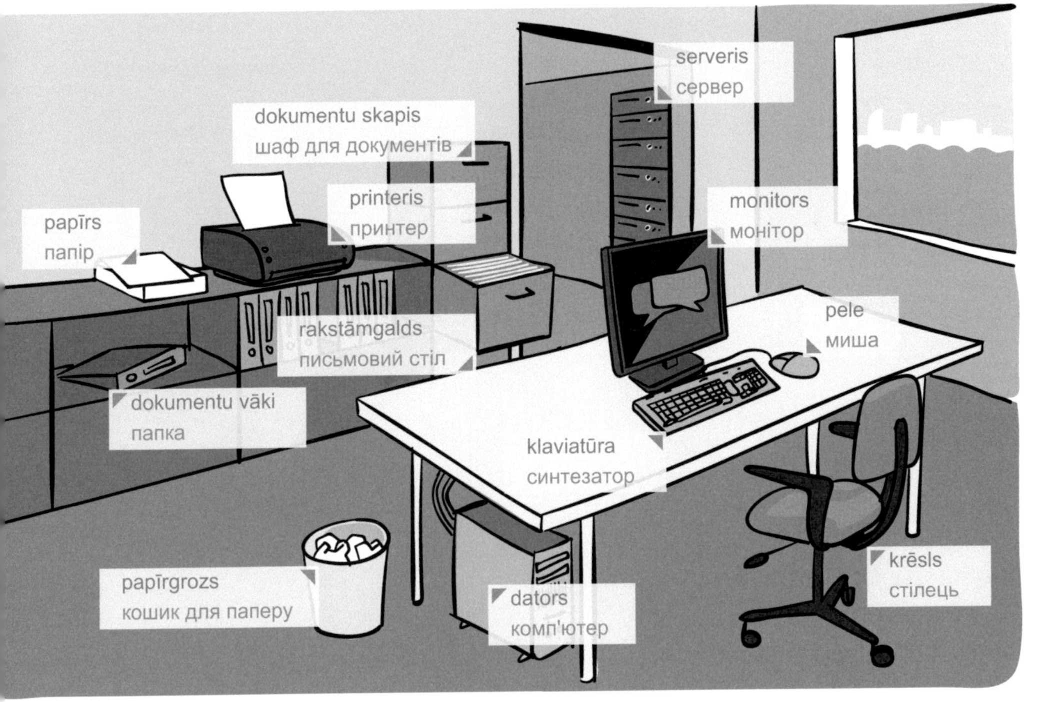
serveris
сервер
dokumentu skapis
шаф для документів
printeris
принтер
papīrs
папір
monitors
монітор
pele
миша
rakstāmgalds
письмовий стіл
dokumentu vāki
папка
klaviatūra
синтезатор
papīrgrozs
кошик для паперу
dators
комп'ютер
krēsls
стілець

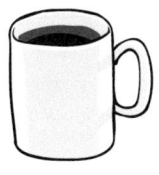

kafijas krūze

кавовий кухоль

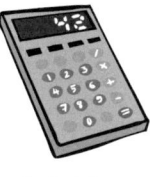

kalkulators

калькулятор

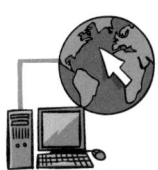

internets

інтернет

portatīvais dators

ноутбук

vēstule

лист

ziņa

повідомлення

mobilais tālrunis

мобільний телефон

tīkls

мережа

kopētājs

копіювальний пристрій

programmatūra

програмне забезпечення

telefons

телефон

rozete

розетка

faksa aparāts

факс

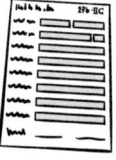

formulārs

бланк

dokuments

документ

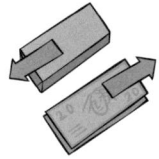

pirkt
купувати

samaksāt
платити

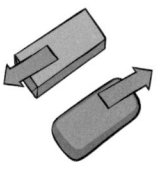

tirgot
торгувати

nauda
гроші

USD

dolārs
долар

EUR

eiro
євро

JPY

jēna
ієна

RUB

rublis
рубль

CHF

franks
франк

CNY

juaņa renminbi
юанів женьміньбі

INR

rūpija
рупія

bankomāts
банкомат

valūtas maiņas punkts

обмінний пункт

zelts

золото

sudrabs

срібло

nafta

нафта

enerģija

енергія

cena

ціна

līgums

контракт

nodoklis

податок

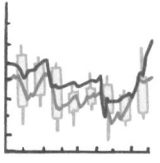

akcija

акція

strādāt

працювати

darbinieks

працівник

darba devējs

роботодавець

fabrika

фабрика

veikals

магазин

profesijas
професії

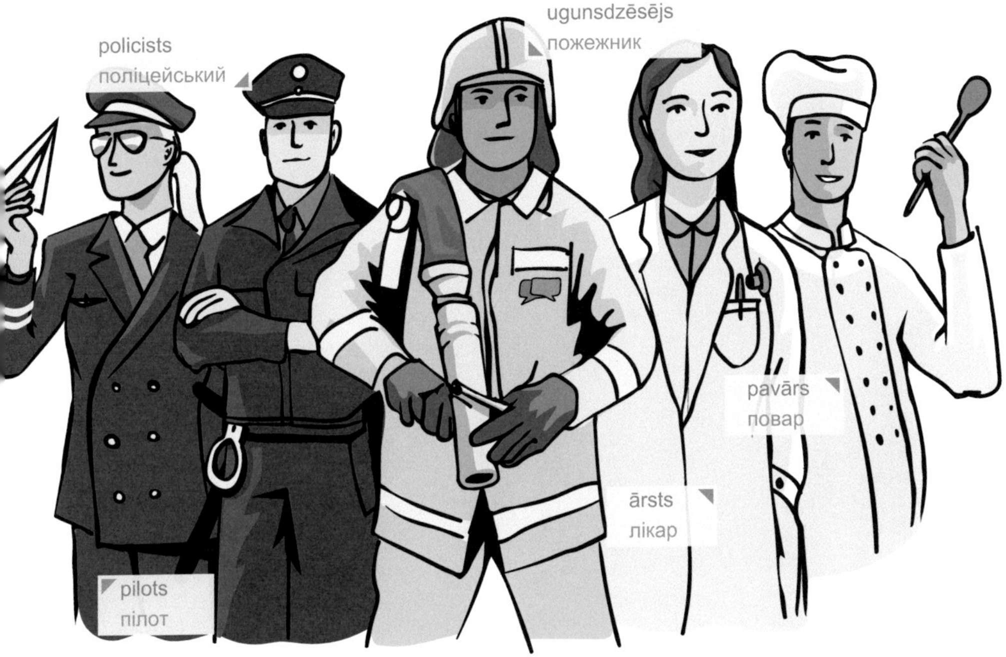

ugunsdzēsējs
пожежник
policists
поліцейський
pavārs
повар
ārsts
лікар
pilots
пілот

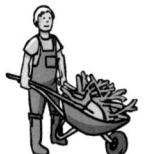

dārznieks

садівник

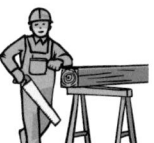

galdnieks

столяр

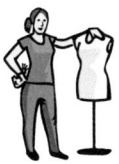

šuvēja

швачка

tiesnesis

суддя

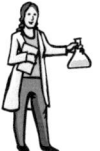

ķīmiķis

хімік

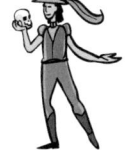

aktieris

актор

autobusa vadītājs
водій автобуса

taksometra vadītājs
таксист

zvejnieks
рибалка

apkopēja
прибиральниця

jumiķis
покрівельник

viesmīlis
офіціант

mednieks
мисливець

gleznotājs
художник

maiznieks
пекар

elektriķis
електрик

celtnieks
будівельник

inženieris
інженер

miesnieks
забійник

skārdnieks
бляхар

pastnieks
листоноша

karavīrs

солдат

arhitekts

архітектор

kasieris

касир

florists

флорист

frizieris

перукар

konduktors

кондуктор

mehāniķis

механік

kapteinis

капітан

zobārsts

дантист

zinātnieks

вчений

rabīns

рабин

imāms

імам

mūks

монах

mācītājs

пастор

instrumenti
інструменти

knaibles
щипці
āmurs
молоток
skrūvgriezis
викрутка
kabatas lukturīti
кишеньковий л
uzgriežņu atslēga
гайковий ключ

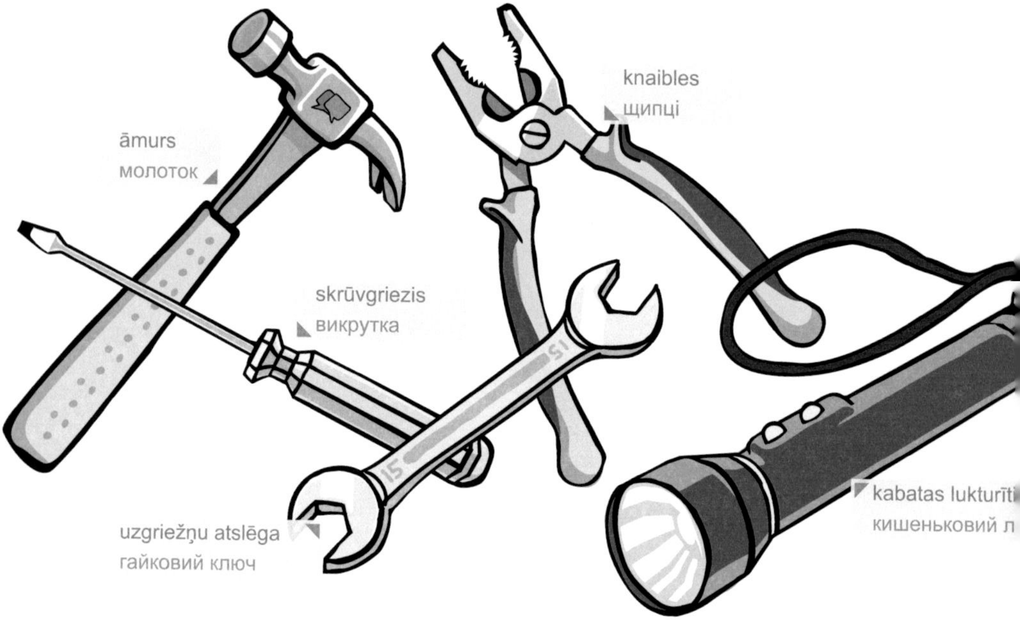

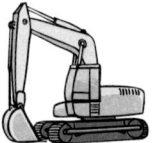

ekskavators

екскаватор

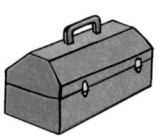

instrumentu kaste

ящик для інструментів

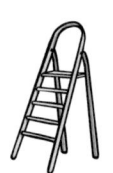

kāpnes

драбина

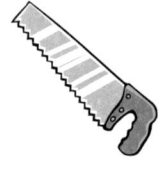

zāģis

пилка

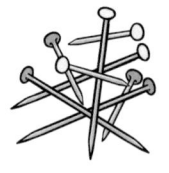

naglas

цвяхи

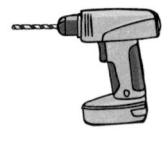

urbis

свердло

remontēt

ремонтувати

lāpsta

лопата

Velns!

лайно!

liekšķere

совок

krāsas bundža

відро з фарбою

skrūves

гвинти

mūzikas instrumenti
музичні інструменти

skaļrunis

динамік

bungas

ударна установка

ģitāra

гітара

kontrabass

контрабас

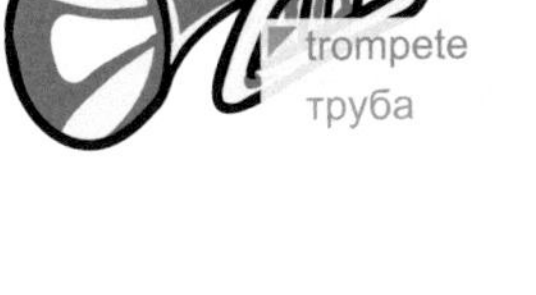

trompete

труба

klavieres

фортепіано

vijole

скрипка

bass

бас

timpāni

литаври

bungas

барабан

digitālās klavieres

клавіатура

saksofons

саксофон

flauta

флейта

mikrofons

мікрофон

zooloģiskais dārzs
зоопарк

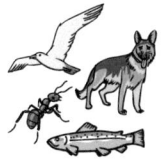

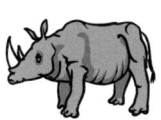

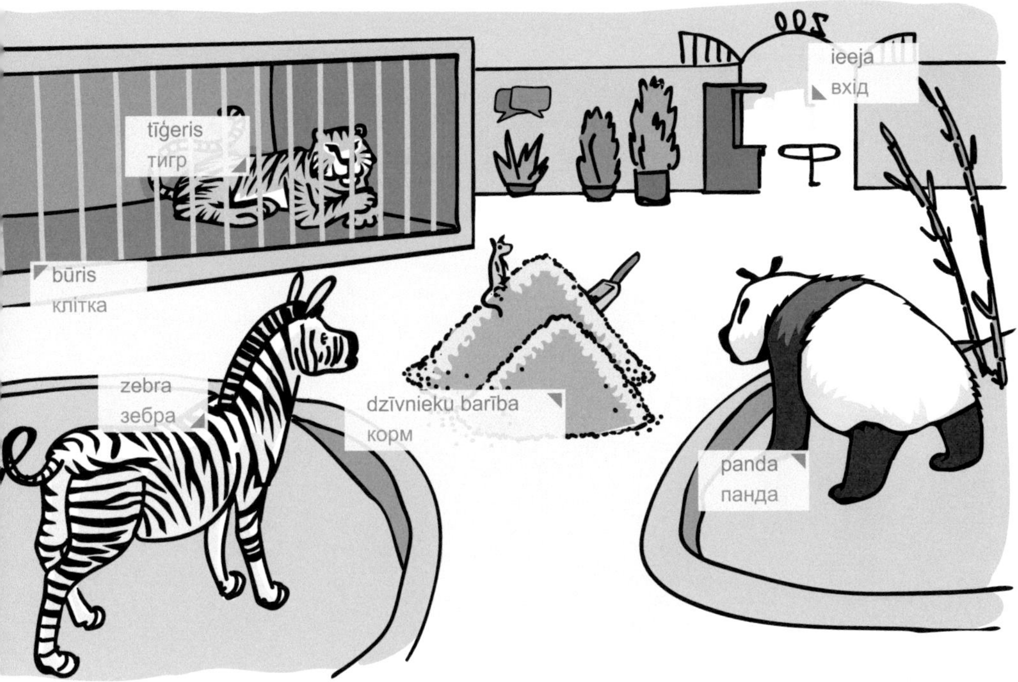

tīģeris
тигр
ieeja
вхід
būris
клітка
zebra
зебра
dzīvnieku barība
корм
panda
панда

dzīvnieki

тварини

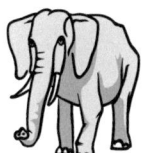

zilonis

слон

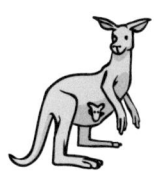

ķengurs

кенгуру

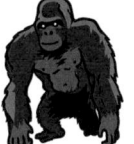

degunradzis

носоріг

gorilla

горила

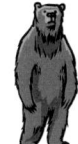

lācis

ведмідь

kamielis

верблюд

strauss

страус

lauva

лев

pērtiķis

мавпа

flamings

фламінго

papagailis

папуга

polārlācis

білий ведмідь

pingvīns

пінгвін

haizivs

акула

pāvs

павич

čūska

змія

krokodils

крокодил

zoodārza sargs

працівник зоопарку

ronis

тюлень

jaguārs

ягуар

ponijs

поні

leopards

леопард

nīlzirgs

гіпопотам

žirafe

жираф

ērglis

орел

meža cūka

кабан

zivs

риба

bruņurupucis

черепаха

valzirgs

морж

lapsa

лисиця

gazele

газель

zooloģiskais dārzs - зоопарк

amerikāņu futbols
американський футбол

riteņbraukšana
їзда на велосипеді

teniss
теніс

basketbols
баскетбол

peldēšana
плавання

bokss
бокс

hokejs
хокей

futbols

футбол

badmintons

бадмінтон

vieglatlētika

легка атлетика

rokas bumba

гандбол

slēpošana

лижні перегони

polo

поло

lēkt
стрибати

smieties
сміятися

apskaut
обіймати

iet
йти

dziedāt
співати

sapņot
мріяти

lūgt
молитися

skūpstīt
цілувати

rakstīt
писати

zīmēt
малювати

rādīt
показувати

spiest
тиснути

dot
давати

ņemt
брати

būt

мати

darīt

робити

būt

бути

stāvēt

стояти

skriet

бігати

vilkt

тягнути

mest

кидати

krist

падати

gulēt

лежати

gaidīt

очікувати

nest

носити

sēdēt

сидіти

uzģērbt

одягати

gulēt

спати

pamosties

просипатися

skatīties

дивитися

raudāt

плакати

glāstīt

гладити

ķemmēt

розчісувати

runāt

розмовляти

saprast

розуміти

jautāt

питати

dzirdēt

слухати

dzert

пити

ēst

їсти

sakārtot

прибирати

mīlēt

любити

vārīt

варити

braukt

їхати

lidot

літати

burot

йти під вітрилом

rēķināt

рахувати

lasīt

читати

mācīties

вчитися

strādāt

працювати

precēties

одружуватися

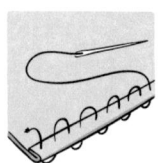

šūt

шити

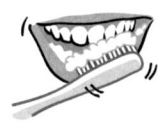

tīrīt zobus

чистити зуби

nogalināt

убивати

smēķēt

курити

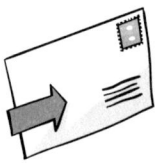

sūtīt

посилати

ģimene
сім'я

vecāmāte
бабуся

vectēvs
дідуся

tēvs
батько

māte
мати

mazulis
немовля

meita
донька

dēls
син

viesis

гість

tante

тітка

onkulis

дядько

brālis

брат

māsa

сестра

ķermenis
тіло

piere
чоло
acs
око
plecs
плече
pirksts
палець
seja
обличчя
zods
підборіддя
roka
кисть
kāja
нога
krūtis
груди
roka
рука

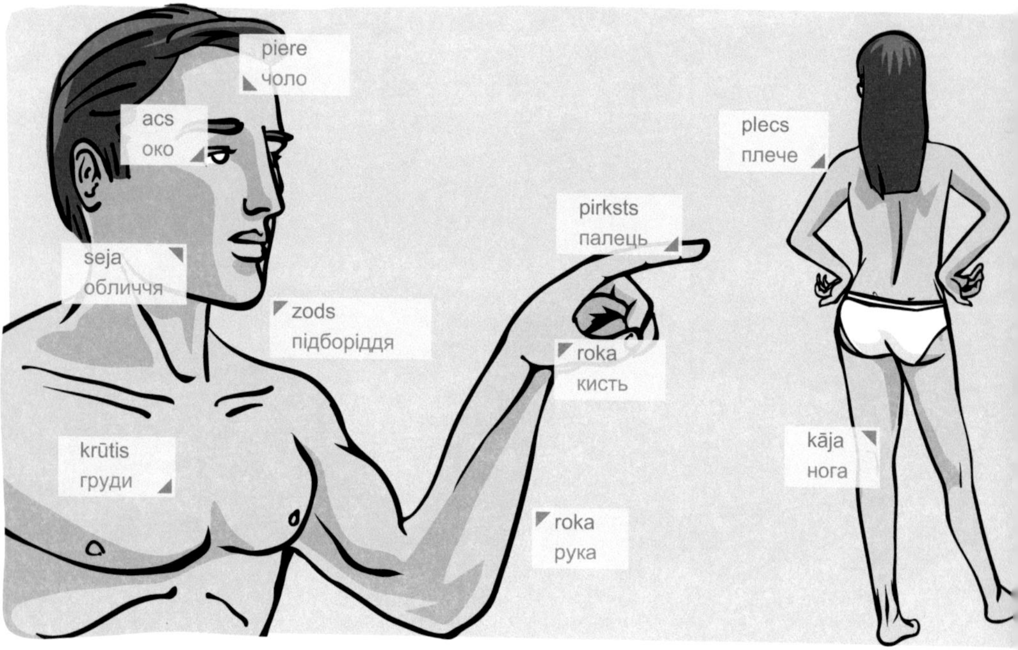

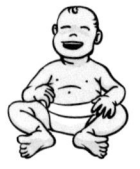

mazulis

немовля

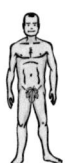

vīrietis

чоловік

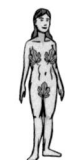

sieviete

жінка

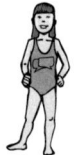

meitene

дівчина

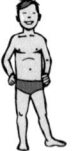

zēns

хлопчик

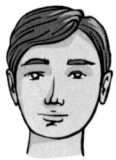

galva

голова

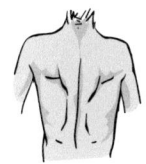

mugura

спина

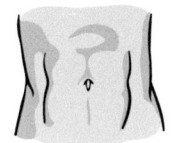

vēders

живіт

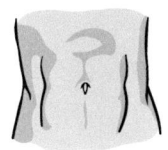

naba

пуп

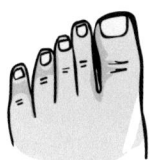

kājas pirksts

палець ноги

papēdis

п'ята

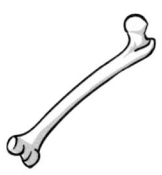

kauls

кістка

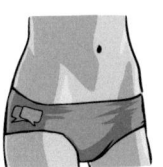

gurns

стегно

celis

коліно

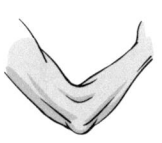

elkonis

лікоть

deguns

ніс

dibens

сідниці

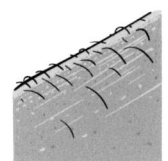

āda

шкіра

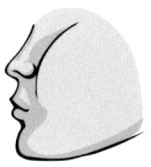

vaigs

щока

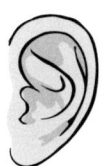

auss

вухо

lūpa

губа

ķermenis - тіло

mute

рот

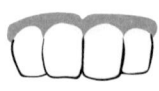

zobs

зуб

mēle

язик

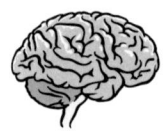

smadzenes

мозок

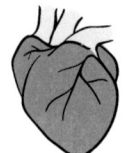

sirds

серце

muskulis

м'яз

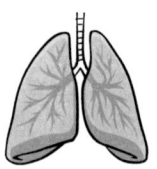

plaušas

легені

aknas

печінка

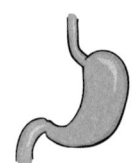

kuņģis

шлунок

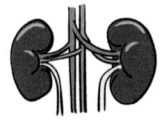

nieres

нирки

dzimumakts

статевий акт

kondoms

презерватив

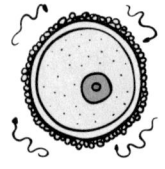

olšūna

яйцеклітина

sperma

сперма

grūtniecība

вагітність

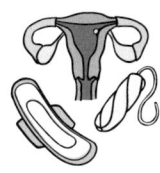

menstruācijas

менструація

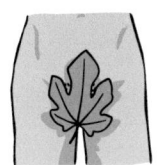

vagīna

вагіна

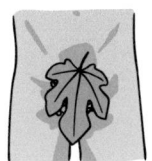

penis

пеніс

uzacs

брова

mati

волосся

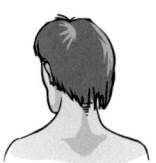

kakls

шия

slimnīca
лікарня

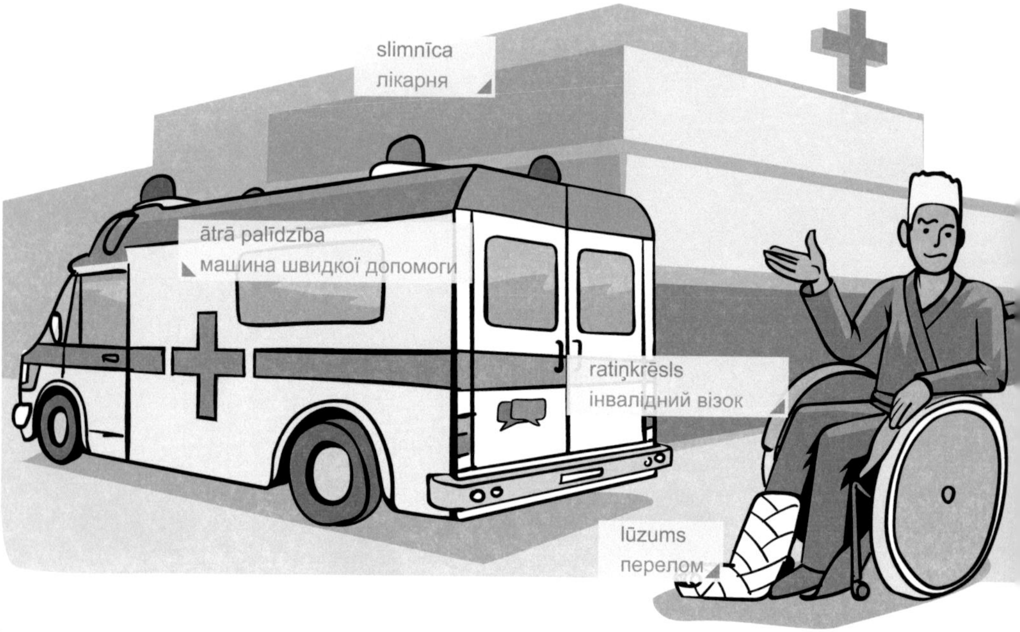

slimnīca
лікарня
ātrā palīdzība
машина швидкої допомоги
ratiņkrēsls
інвалідний візок
lūzums
перелом

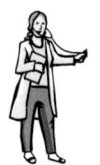

ārsts
лікар

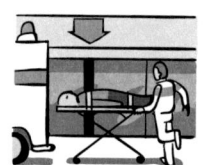

neatliekamās palīdzības nodaļa
відділення швидкої медичної допомоги

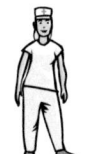

medmāsa
медсестра

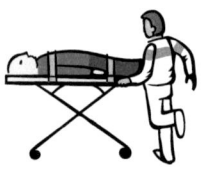

ārkārtas gadījums
аварійний випадок

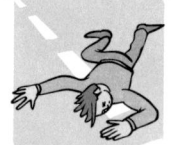

paģībis
непритомний

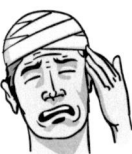

sāpes
біль

ievainojums

травма

asiņošana

кровотеча

sirdslēkme

інфаркт

insults

інсульт

alerģija

алергія

klepus

кашель

temperatūra

лихоманка

gripa

грип

caureja

пронос

galvassāpes

головна біль

vēzis

рак

diabēts

діабет

ķirurgs

хірург

skalpelis

скальпель

operācija

операція

datortomogrāfija

KT

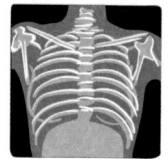

rentgents

рентген

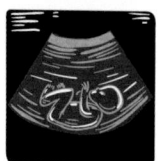

ultraskaņa

ультразвук

sejas maska

маска

slimība

хвороба

uzgaidāmā telpa

зал очікування

kruķis

милиця

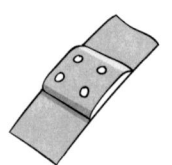

plāksteris

пластир

apsējs

пов'язка

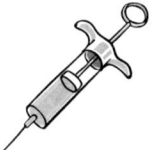

injekcija

ін'єкція

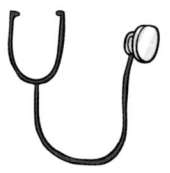

stetoskops

стетоскоп

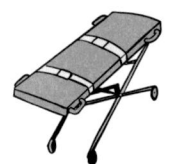

nestuves

ноші

termometrs

термометр

dzemdības

народження

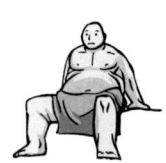

liekais svars

надмірна вага

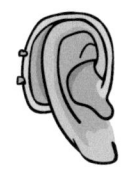

dzirdes aparāts

слуховий апарат

dezinfekcijas līdzeklis

дезінфікуючий засіб

infekcija

інфекція

vīruss

вірус

HIV / AIDS

ВІЛ / СНІД

zāles

медицина

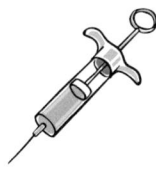

pote

вакцинація

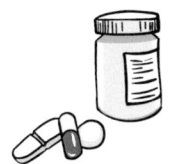

tabletes

таблетки

pretapaugļošanās tablete

протизаплідна пігулка

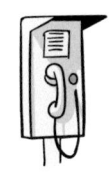

ārkārtas izsaukums

екстрений виклик

asinsspiediena mērītājs

тонометр

slims / vesels

хворий / здоровий

Palīgā!

Допоможіть!

trauksme

сигнал тривоги

uzbrukums

напад

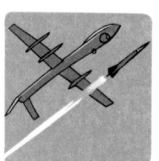

uzbrukums

атака

bīstamība

небезпека

avārijas izeja

аварійний вихід

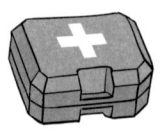

Uguns!

Вогонь!

ugunsdzēšamais aparāts

вогнегасник

negadījums

аварія

pirmās palīdzības aptieciņa

аптечка

SOS

СОС

policija

поліція

Eiropa

Європа

Ziemeļamerika

Північна Америка

Dienvidamerika

Південна Америка

Āfrika

Африка

Āzija

Азія

Austrālija

Австралія

Atlantijas okeāns

Атлантика

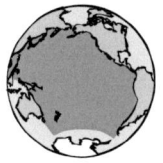

Klusais okeāns

Тихий океан

Indijas okeāns

Індійський океан

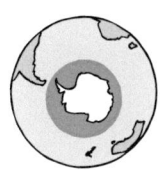

Dienvidu okeāns

Антарктичний океан

Ziemeļu ledus okeāns

Північний Льодовитий океан

Ziemeļpols

Північний полюс

Dienvidpols

Південний полюс

Antarktika

Антарктика

zeme

Земля

zeme

суша

jūra

море

sala

острів

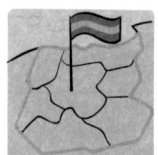

nācija

нація

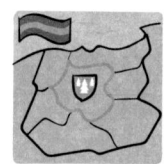

valsts

держава

ciparnīca

циферблат

stundu rādītājs

годинникова стрілка

minūšu rādītājs

хвилинна стрілка

sekunžu rādītājs

секундна стрілка

Cik ir pulkstenis?

Котра година?

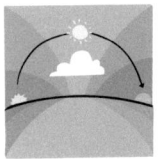

diena

день

laiks

час

tagad

зараз

digitālais pulkstenis

цифровий годинник

minūte

хвилина

stunda

година

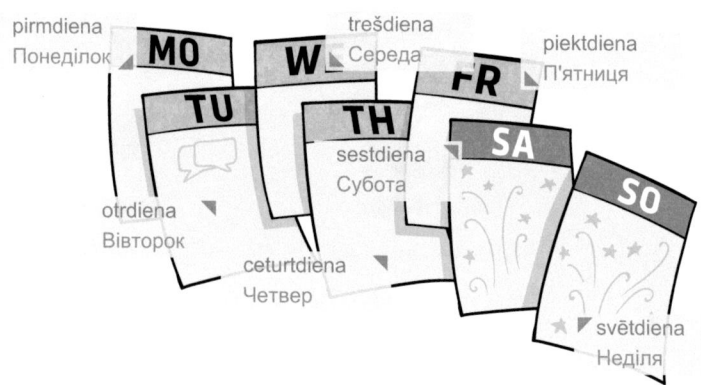

pirmdiena
Понеділок

MO

trešdiena
Середа

W

piektdiena
П'ятниця

FR

TU

TH

SA

sestdiena
Субота

SO

otrdiena
Вівторок

ceturtdiena
Четвер

svētdiena
Неділя

vakardien

вчора

šodien

сьогодні

rītdien

завтра

rīts

ранок

pusdienlaiks

опівдні

vakars

вечір

darbadienas

робочі дні

brīvdienas

кінець робочого тижня

lietus
дощ

varavīksne
веселка

sniegs
сніг

vējš
вітер

pavasaris
весна

rudens
осінь

vasara
літо

ziema
зима

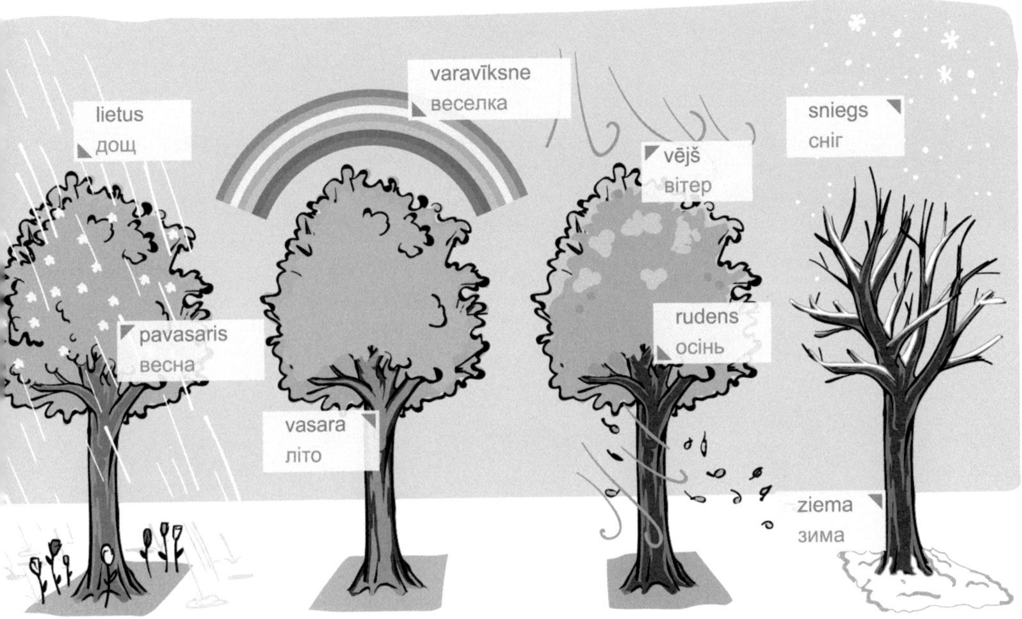

laika prognoze

прогноз погоди

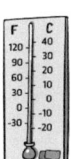

termometrs

термометр

saules gaisma

сонячне світло

mākonis

хмара

migla

туман

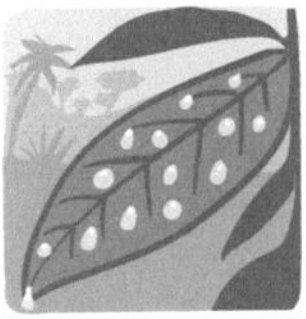

gaisa mitrums

вологість повітря

zibens

блискавка

pērkons

грім

vētra

шторм

krusa

град

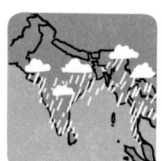

musons

мусон

plūdi

повінь

ledus

лід

janvāris

Січень

februāris

Лютий

marts

Березень

aprīlis

Квітень

maijs

Травень

jūnijs

Червень

jūlijs

Липень

augusts

Серпень

septembris

Вересень

oktobris

Жовтень

novembris

Листопад

decembris

Грудень

formas
форми

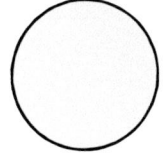

aplis

круг

kvadrāts

квадрат

četrstūris

прямокутник

trīsstūris

трикутник

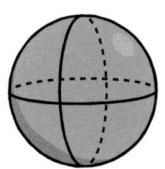

lode

куля

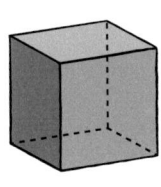

kubs

куб

balts

білий

dzeltens

жовтий

oranžs

помаранчевий

sārts

рожевий

sarkans

червоний

lillā

фіолетовий

zils

синій

zaļš

зелений

brūns

коричневий

pelēks

сірий

melns

чорний

daudz / maz

багато / мало

saniknots / miermīlīgs

лютий / мирний

skaists / neglīts

гарний / бридкий

sākums / beigas

початок / кінець

liels / mazs

великий / малий

gaišs / tumšs

світлий / темний

brālis / māsa

брат / сестра

tīrs / netīrs

чистий / брудний

pilnīgs / nepilnīgs

завершений /
незавершений

diena / nakts

день / ніч

miris / dzīvs

мертвий / живий

plats / šaurs

широкий / вузький

baudāms / nebaudāms

їстівний / неїстівний

nikns / laipns

злий / дружній

satraukts / garlaikots

збуджений / нудьгуючий

resns / tievs

товстий / тонкий

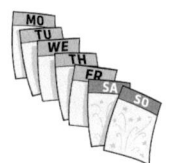

pirmais /pēdējais

спочатку / востаннє

draugs / ienaidnieks

друг / ворог

pilns / tukšs

повний / порожній

ciets / mīksts

жорсткий / м'який

smags / viegls

важкий / легкий

izsalkums / slāpes

голод / спрага

slims / vesels

хворий / здоровий

nelegāls / legāls

незаконний / законний

inteliģents / dumjš

розумний / дурний

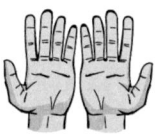

kreisais / labais

вліво / вправо

tuvu / tālu

поруч / далеко

jauns / lietots

новий / використаний

nekas / kaut kas

нічого / щось

vecs / jauns

старий / молодий

ieslēgts / izslēgts

вкл / викл

atvērts / slēgts

відкрито / закрито

kluss / skaļš

тихо / гучно

bagāts / nabags

багатий / бідний

pareizi / nepareizi

правильно / неправильно

raupjš / gluds

шорсткий / гладкий

noskumis / laimīgs

сумний / щасливий

īss / garš

короткий / довгий

lēns / ātrs

повільно / швидко

slapjš / sauss

вологий / сухий

silts / vēss

гарячий / холодний

karš / miers

війна / мир

pretstati - протилежності

0

nulle

нуль

1

viens

один

2

divi

два

3

trīs

три

4

četri

чотири

5

pieci

п'ять

6

seši

шість

7

septiņi

сім

8

astoņi

вісім

9

deviņi

дев'ять

10

desmit

десять

11

vienpadsmit

одинадцять

12

divpadsmit

дванадцять

13

trīspadsmit

тринадцять

14

četrpadsmit

чотирнадцять

15

piecpadsmit

п'ятнадцять

16

sešpadsmit

шістнадцять

17

septiņpadsmit

сімнадцять

18

astoņpadsmit

вісімнадцять

19

deviņpadsmit

дев'ятнадцять

20

divdesmit

двадцять

100

simts

сто

1.000

tūkstotis

тисяча

1.000.000

miljons

мільйон

skaitļi - числа

angļu
....
англійська

amerikāņu angļu
....
американська англійська

ķīniešu mandarīnu valoda

китайська
високочиновницька

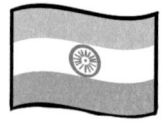

hindi
....
хінді

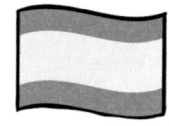

spāņu
....
іспанська

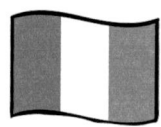

franču
....
французька

arābu
....
арабська

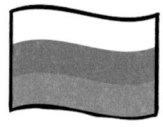

krievu
....
російська

portugāļu
....
португальська

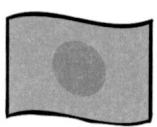

bengāļu
....
бенгальська

vācu
....
німецька

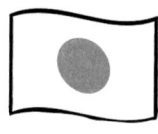

japāņu
....
японська

es

я

tu

ти

viņš / viņa

він / вона / воно

mēs

ми

jūs

ви

viņi / viņas

вони

kas?

хто?

ko?

що?

kā?

як?

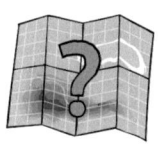

kur?

де?

kad?

коли?

vārds

ім'я

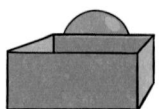

aiz

ззаду

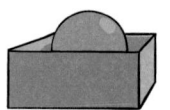

iekšā

в

priekšā

перед

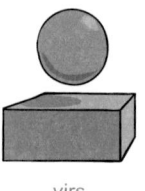

virs

над

uz

на

zem

під

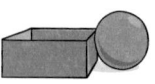

blakus

біля

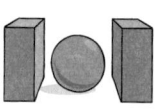

starp

між

vieta

місце